O. W. DE LUBICZ-MILOSZ.

ADRAMANDONI.

MENALKAS DUNCAN.
EDITEUR
14 RUE VISCONTI, PARIS.
1918

A Monsieur Henry de Régnier
hommage de son fidèle admirateur
O. W. Milosz

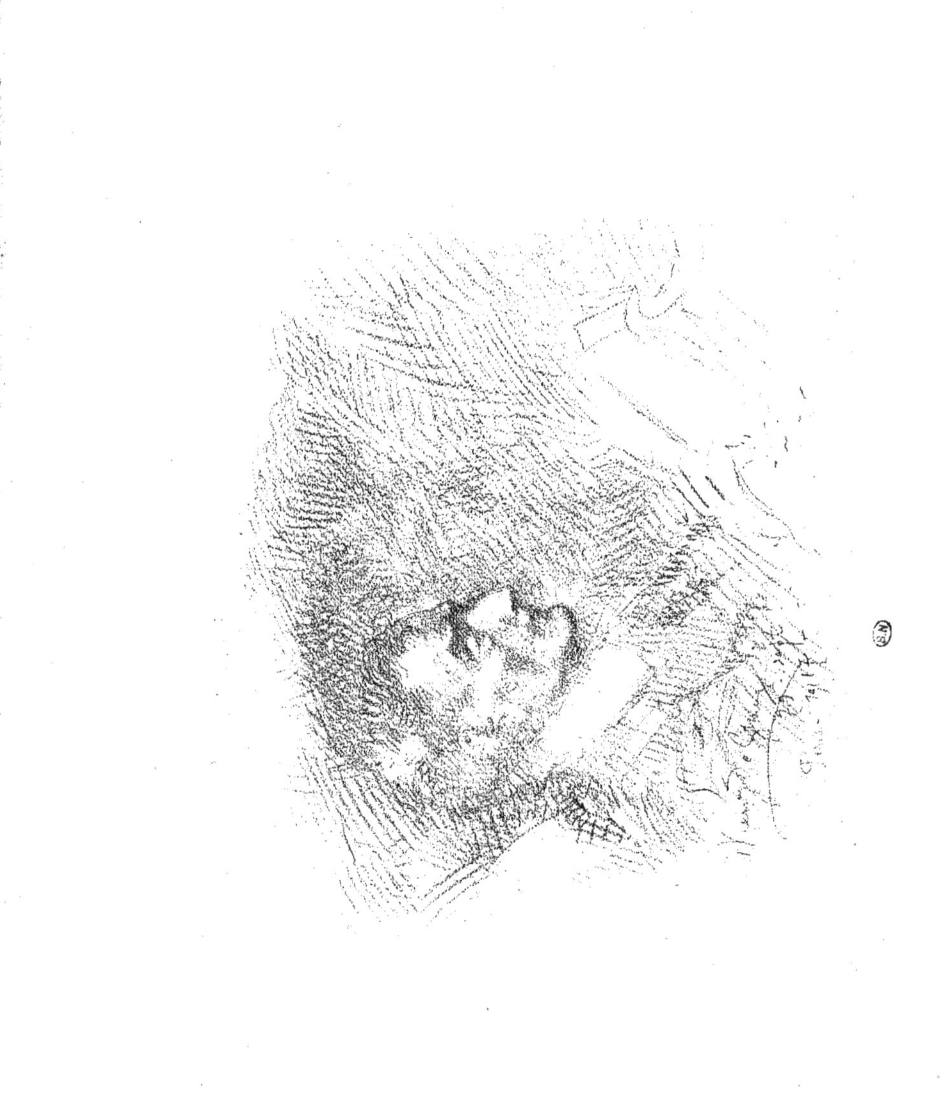

O. W. DE LUBICZ-MILOSZ.

ADRAMANDONI.

MENALKAS DUNCAN.
EDITEUR
14 RUE VISCONTI, PARIS.
1918

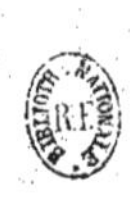

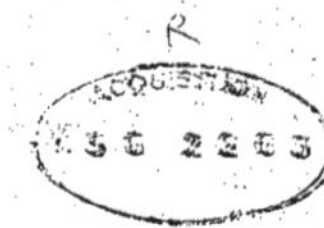

SYMPHONIE DE NOVEMBRE.

À MADAME LA DUCHESSE O. DE CLERMONT-TONNERRE.

CE SERA TOUT-À-FAIT COMME DANS CETTE VIE. LA MÊME CHAMBRE
— OUI, MON ENFANT, LA MÊME. AU PETIT JOUR, L'OISEAU DES TEMPS DANS LA FEUILLÉE
PÂLE COMME UNE MORTE : ALORS LES SERVANTES SE LÈVENT
ET L'ON ENTEND LE BRUIT GLACÉ ET CREUX DES SEAUX

A LA FONTAINE. O TERRIBLE, TERRIBLE JEUNESSE ! CŒUR VIDE !
CE SERA TOUT-À-FAIT COMME DANS CETTE VIE. IL Y AURA
LES VOIX PAUVRES, LES VOIX D'HIVER DES VIEUX FAUBOURGS,
LE VITRIER AVEC SA CHANSON ALTERNÉE,

LA GRAND-MÈRE CASSÉE QUI SOUS LE BONNET SALE
CRIE DES NOMS DE POISSONS, L'HOMME AU TABLIER BLEU
QUI CRACHE DANS SA MAIN USÉE PAR LE BRANCARD
ET HURLE ON NE SAIT QUOI, COMME L'ANGE DU JUGEMENT.

CE SERA TOUT-À-FAIT COMME DANS CETTE VIE. LA MÊME TABLE,
LA BIBLE, GOETHE, L'ENCRE ET SON ODEUR DE TEMPS,
LE PAPIER, FEMME BLANCHE QUI LIT DANS LA PENSÉE,
LA PLUME, LE PORTRAIT. MON ENFANT, MON ENFANT !

CE SERA TOUT-À-FAIT COMME DANS CETTE VIE ! — LE MÊME JARDIN,
PROFOND, PROFOND, TOUFFU, OBSCUR. ET VERS MIDI
DES GENS SE RÉJOUIRONT D'ÊTRE RÉUNIS LÀ
QUI NE SE SONT JAMAIS CONNUS ET QUI NE SAVENT

— LES UNS DES AUTRES QUE CECI : QU'IL FAUDRA S'HABILLER
COMME POUR UNE FÊTE ET ALLER DANS LA NUIT
DES DISPARUS, TOUT SEUL, SANS AMOUR ET SANS LAMPE.
CE SERA TOUT-À-FAIT COMME DANS CETTE VIE. LA MÊME ALLÉE:

ET (DANS L'APRÈS-MIDI D'AUTOMNE) AU DÉTOUR DE L'ALLÉE,
LÀ OÙ LE BEAU CHEMIN DESCEND PEUREUSEMENT, COMME LA FEMME
QUI VA CUEILLIR LES FLEURS DE LA CONVALESCENCE — ÉCOUTE, MON ENFANT, —
NOUS NOUS RENCONTRERONS, COMME JADIS ICI;

ET TU AS OUBLIÉ, TOI, LA COULEUR D'ALORS DE TA ROBE;
MAIS MOI, JE N'AI CONNU QUE PEU D'INSTANTS HEUREUX.
OU SERAS VÊTU DE VIOLET PÂLE, BEAU CHAGRIN!
ET LES FLEURS DE TON CHAPEAU SERONT TRISTES ET PETITES

ET JE NE SAURAI PAS LEUR NOM : CAR JE N'AI CONNU DANS LA VIE
QUE LE NOM D'UNE SEULE FLEUR PETITE ET TRISTE, LE MYOSOTIS,
VIEUX DORMEUR DES RAVINS AU PAYS CACHE-CACHE, FLEUR
ORPHELINE. OUI OUI, CŒUR PROFOND! COMME DANS CETTE VIE.

ET LE SENTIER OBSCUR SERA-LÀ TOUT HUMIDE
D'UN ÉCHO DE CASCADES. ET JE TE PARLERAI
DE LA CITÉ SUR L'EAU ET DU RABBI DE BACHARACH
ET DES NUITS DE FLORENCE. IL Y AURA AUSSI

LE MUR CROULANT ET BAS OÙ SOMNOLAIT L'ODEUR
DES VIEILLES, VIEILLES PLUIES ET UNE HERBE LÉPREUSE
FROIDE ET GRASSE SECOUERA LÀ SES FLEURS CREUSES
DANS LE RUISSEAU MUET —

H

À MISS NATALIE CLIFFORD BARNEY.

LE JARDIN DESCEND VERS LA MER. JARDIN PAUVRE. JARDIN SANS FLEURS. JARDIN
AVEUGLE. DE SON BANC, UNE VIEILLE VÊTUE
DE DEUIL LUSTRÉ, JAUNI AVEC LE SOUVENIR ET LE PORTRAIT
REGARDE S'EFFACER LES NAVIRES DU TEMPS. L'ORTIE, DANS LE GRAND VIDE

DE DEUX HEURES, VELUE ET NOIRE DE SOIF, VEILLE.
COMME DU FOND DU CŒUR DU PLUS PERDU DES JOURS, L'OISEAU
DE LA CONTRÉE SOURDE PÉPIE DANS LE BUISSON DE CENDRE.
C'EST LA TERRIBLE PAIX DES HOMMES SANS AMOUR. ET MOI,

MOI JE SUIS LÀ AUSSI. CAR CECI EST MON OMBRE; ET DANS LA TRISTE ET BASSE
CHALEUR ELLE A LAISSÉ RETOMBER SA TÊTE VIDE SUR
LE SEIN DE LA LUMIERE; MAIS
MOI, CORPS ET ESPRIT, JE SUIS COMME L'AMARRE

PRÊTE À ROMPRE. QU'EST-CE DONC QUI VIBRE AINSI EN MOI,
MAIS QU'EST-CE DONC QUI VIBRE AINSI ET GEINT JE NE SAIS OÙ
EN MOI, COMME LA CORDE AUTOUR DU CABESTAN
DES VOILIERS EN PARTANCE ? MÈRE

TROP SAGE, ÉTERNITÉ, AH LAISSEZ-MOI VIVRE MON JOUR!
ET NE M'APPELEZ PLUS LÉMUEL; CAR LA-BAS
DANS UNE NUIT DE SOLEIL, LES PARESSEUSES
HÈLENT, LES ÎLES DE JEUNESSE CHANTANTES ET VOILÉES! LE DOUX

LOURD MURMURE DE DEUIL DES GUÊPES DE MIDI
VOLE BAS SUR LE VIN ET IL Y A DE LA FOLIE
DANS LE REGARD DE LA ROSÉE SUR LES COLLINES MES CHÈRES
OMBREUSES. DANS L'OBSCURITÉ RELIGIEUSE LES RONCES

ONT SAISI LE SOMMEIL PAR SES CHEVEUX DE FILLE. JAUNE DANS L'OMBRE
L'EAU RESPIRE MAL SOUS LE CIEL LOURD ET BAS DES MYOSOTIS.
CET AUTRE SOUFFRE AUSSI, BLESSÉ COMME LE ROI
DU MONDE, AU CÔTÉ; ET DE SA BLESSURE D'ARBRE

S'ÉCOULE LE PLUS PUR DÉSALTÉRANT DU CŒUR.
ET IL Y A L'OISEAU DE CRISTAL QUI DIT MLÎ D'UNE GORGE DOUCE
DANS LE VIEUX JASMIN SOMNAMBULE DE L'ENFANCE.
J'ENTRERAI LÀ EN SOULEVANT DOUCEMENT L'ARC-EN-CIEL

ET J'IRAI DROIT À L'ARBRE OÙ L'ÉPOUSE ETERNELLE
ATTEND DANS LES VAPEURS DE LA PATRIE. ET DANS LES FEUX DU TEMPS
LES ARCHIPELS SOUDAINS. LES GALÈRES SONNANTES — APPARAÎTRONT
PAIX, PAIX. TOUT CELA N'EST PLUS. TOUT CELA N'EST PLUS ICI, MON FILS LÉMUEL.

LES VOIX QUE TU ENTENDS NE VIENNENT PLUS DES CHOSES.
CELLE QUI A LONGTEMPS VÉCU EN TOI OBSCURE
T'APPELLE DU JARDIN SUR LA MONTAGNE! DU ROYAUME
DE L'AUTRE SOLEIL! ET ICI, C'EST LA SAGE QUARANTIÈME

ANNÉE, LÉMUEL.
LE TEMPS PAUVRE ET LONG.
UNE EAU CHAUDE ET GRISE
UN JARDIN BRULÉ.

LA CHARRETTE

À MADAME LA BARONNE A. DE BRIMONT

L'ESPRIT PURIFIÉ PAR LES NOMBRES DU TEMPLE,
LA PENSÉE RESSAISIE À PEINE PAR LA CHAIR, DÉJÀ,
DÉJÀ CE VIEUX BRUIT SOURD, HIVERNAL DE LA VIE
DU CŒUR FROID DE LA TERRE MONTE, MONTE VERS LE MIEN.

C'EST LE PREMIER TOMBEREAU DU MATIN. LE PREMIER TOMBEREAU DU MATIN.
IL TOURNE LE COIN DE LA RUE ET DANS MA CONSCIENCE
LA TOUX DU VIEUX BOUEUR, FILS DE L'AUBE DÉGUENILLÉE,
M'OUVRE COMME UNE CLEF LA PORTE DE MON JOUR,

ET C'EST VOUS ET C'EST MOI. VOUS ET MOI DE NOUVEAU, MA VIE. ET JE ME LÈVE
LES MAINS D'HOPITAL DE LA POUSSIÈRE DU MATIN   ET J'INTERROGE
SUR LES CHOSES QUE JE NE VOULAIS PAS REVOIR.
LA SIRÈNE AU LOIN CRIE, CRIE ET CRIE SUR LE FLEUVE.

*
*   *

METTEZ-VOUS À GENOUX, VIE ORPHELINE
ET FAITES SEMBLANT DE PRIER PENDANT QUE JE COMPTE ET RECOMPTE
CES FLEURAGES QUI N'ONT NI FRÈRES NI SŒURS DANS LES JARDINS,
TRISTES, SALES, COMME ON EN VOIT DANS LES FAUBOURGS

AUX TENTURES DES MURS EN DÉMOLITION, SOUS LA PLUIE. PLUS TARD,
DANS LE TERRIBLE APRÈS-MIDI, VOUS LÈVEREZ LES YEUX DU LIVRE VIDE ET JE VERRAI
LES CHALANDS AMARRÉS, LES BARILS, LE CHARBON DORMIR
ET DANS LE LINGE DUR DES MARINIERS LE VENT COURIR.

QUE FAIRE ? FUIR ? MAIS OÙ ? ET À QUOI BON ? LA JOIE
ELLE-MÊME N'EST PLUS QU'UN BEAU TEMPS DE PAYS D'EXIL; MON OMBRE
N'EST NI AIMÉE NI HAÏE DU SOLEIL; C'EST COMME UN MOT
QUI EN TOMBANT SUR LE PAPIER PERD SON SENS; ET VOILÀ.

O VIE SI LONGUE ! POURQUOI MON ÂME EST TRANSPERCÉE
QUAND CET ENFANT TROUVÉ, QUAND FRÈRE PETIT-JOUR
PAR L'ENTREBAILLEMENT DES RIDEAUX ME REGARDE, QUAND AU CŒUR DE LA VILLE
RÉSONNE UN TRISTE, TRISTE, TRISTE PAS D'ÉPOUSE CHASSÉE.

*
* *

TE VOICI DONC, AMI D'ENFANCE ! PREMIER HENNISSEMENT SI PUR, SI CLAIR !
AH, PAUVRE ET SAINTE VOIX DU PREMIER CHEVAL SOUS LA PLUIE !
J'ENTENDS AUSSI LE PAS MERVEILLEUX DE MON FRÈRE;
LES OUTILS SUR L'ÉPAULE ET LE PAIN SOUS LE BRAS

C'EST LUI ! C'EST L'HOMME ! IL S'EST LEVÉ ! ET L'ÉTERNEL DEVOIR
L'AYANT PRIS PAR LA MAIN CALLEUSE, IL VA AU-DEVANT DE SON JOUR. MOI,
MES JOURS SONT COMME LES POÈMES OUBLIÉS DANS LES ARMOIRES
QUI SENTENT LE TOMBEAU; ET LE CŒUR SE DÉCHIRE

QUAND SUR LA TABLE ÉTROITE OÙ LES MUETS VOYAGES
DES VEILLES DE JADIS ONT, COMME CEUX D'ULYSSE,
HEURTÉ TOUTES LES ÎLES DES VIEUX ARCHIPELS D'ENCRE
ENTRE LA BIBLE ET FAUST APPARAÎT LE PAIN DU MATIN.

*
* *

JE NE LE ROMPRAI PAS POUR L'ÉPOUSE TERRESTRE,
ET POURTANT, MA VIE, TU SAIS COMME JE L'AI CHERCHÉE
CETTE MÈRE DU CŒUR ! CETTE OMBRE QUE J'IMAGINAIS
PETITE ET FAIBLE, AVEC DE BELLES SAINTES MAINS

DOUCEMENT DESCENDUES SUR LE PAIN ENDORMI
A L'INSTANT ÉTERNELLEMENT ENFANT DU BÉNÉDICITÉ
DE L'AUBE; LES ÉPAULES ÉTAIENT ÉPAULES D'ORPHELINE
UN PEU TOMBANTES, ÉTROITES, D'ENFANT QUI A SOUFFERT, ET LES GENOUX

DE LA PIEUSE TIRAIENT L'ÉTOFFE DE LA ROBE
ET DANS LE MOUVEMENT DES JOUES ET DE LA GORGE
PENDANT QU'ELLE MANGEAIT, UNE CLAIRE INNOCENCE,
UNE GRATITUDE, UNE PURETÉ QUI FAISAIT MAL — Ô

VIE! Ô AMOUR SANS VISAGE! TOUTE CETTE ARGILE
A ÉTÉ REMUÉE HERSÉE, DÉCHIQUETÉE
JUSQU'AUX TISSUS OÙ LA DOULEUR ELLE-MÊME TROUVE UN SOMMEIL DANS LA PLAIE
ET JE NE PEUX PLUS, NON, JE NE PEUX PLUS, JE NE PEUX PLUS!

LA GAMME

À MADAME LA BARONNE M. CLAUZEL

DANS CE JARDINET D'EGLISE
OÙ LE VIEUX SOLEIL DES PAUVRES
RÉUSSIT PARFOIS, VERS JUIN
A FAIRE ÉCLORE À DEMI
DEUX OU TROIS FLEURS DE FAUBOURG
QUI FONT POUSSER DE GRANDS AH !
LE JEUDI ET LE DIMANCHE
AUX BLANCS ET SAGES FORÇATS
DU VOISIN ORPHELINAT,
TANTÔT (ET JE CONNAIS LÀ
UNE VIERGE SANS VISAGE
QUI DANS SA NICHE EFFRITÉE
BERCE UN VIEUX JÉSUS MOUSSU.)
DANS LE SILENCE MOISI
J'AI SENTI MON CŒUR SAISI
PAR UN SON DE CLAVECIN
SOURD, JAUNI, QUASI DEFUNT,
TROUBLE COMME LE PARFUM
DE PLUIE ET DE PARCHEMIN
DES IN-FOLIO LATINS
ET PROCHE ET POURTANT ÉTEINT
COMME UN MOI-MÊME INDISTINCT
AU FOND D'UN MIROIR SANS TAIN,
ETRANGE, SECRET TINTOUIN
INTÉRIEUR ET LOINTAIN,
UNE DE CES PAUVRES GAMMES
DE BÉMOLS COUVERTS, CHAGRINS,

QUI RÉVEILLENT DANS LES ÂMES
LA SAINTE ODEUR DES MATINS
DE LA CLAIRE ADOLESCENCE
ET DU PROFOND DES JARDINS
ET DE L'EAU DANS LE SILENCE
ET DU SOLEIL SUR LE PAIN
ET DU MIEL DANS LES FAÏENCES
LOURDES DE MIL-HUIT-CENT VINGT.
ET SOUDAIN, COMME L'ENFANT
FERME SES MAINS ÉTRANGLEUSES
SUR LE MOINEAU GRELOTTANT
TROP TÔT ENVOLÉ DU NID,
OUI, — QUI LE CROIRAIT ? — SOUDAIN
COMME QUAND J'AVAIS VINGT ANS
(ENFANT ÉPRIS D'UNE ENFANT)
J'AI DANS MES DEUX VIEILLES MAINS
SERRÉ CE CŒUR IRRITANT
QUI S'ÉTAIT PRIS, TOUT-À-COUP,
À BATTRE, MAIS FOLLEMENT,
MAIS AFFREUSEMENT, MON DIEU ! — POUR VOUS —

LES TERRAINS VAGUES

À MADAME F. DE MIOMANDRE

COMMENT M'ES-TU VENU, Ô, TOI SI HUMBLE, SI CHAGRIN ? JE NE SAIS PLUS.
SANS DOUTE COMME LA PENSÉE DE LA MORT, AVEC LA VIE MÊME.
MAIS DE MA LITHUANIE CENDREUSE AUX GORGES D'ENFER DU RUMMEL,
DE BOW-STREET AU MARAIS ET DE L'ENFANCE A LA VIEILLESSE

J'AIME (COMME J'AIME LES HOMMES, D'UN VIEIL AMOUR
USÉ PAR LA PITIÉ, LA COLÈRE ET LA SOLITUDE) CES TERRAINS OUBLIÉS
OÙ POUSSE, ICI TROP LENTEMENT ET LÀ TROP VITE
COMME LES ENFANTS BLANCS DANS LES RUES SANS SOLEIL, UNE HERBE

DE VILLE, FROIDE ET SALE, SANS SOMMEIL, COMME L'IDÉE FIXE,
VENUE, AVEC LE VENT DU CIMETIÈRE, PEUT-ÊTRE
DANS UN DE CES BALOTS D'ÉTOFFE NOIRE, LISSE ET LUSTRÉE, OREILLERS
DES VIEILLES DORMEUSES DES BERGES, DANS LES TERRIBLES CRÉPUSCULES,

DE TOUTE MA JEUNESSE CONSUMÉE DANS LE SUD
ET DANS LE NORD, J'AI SURTOUT RETENU CECI. MON ÂME
EST MALADE, PASSANTE, COMME L'HERBE ALTÉRÉE DES MURS
ET ON L'A OUBLIÉE, ET ON LA LAISSE ICI.

*
* *

J'EN SAIS UN QU'OBSCURCIT UN CÈDRE DU LIBAN! VESTIGE
DE QUELQUE BEAU JARDIN DE L'AMOUR VIRGINAL. ET JE SAIS, MOI, QUE LE SAINT ARBRE
FUT PLANTÉ LÀ, JADIS, EN SON DOUX TEMPS, AFIN
DE PORTER TÉMOIGNAGE : ET LE SERMENT TOMBA DANS LA MUETTE ÉTERNITÉ

ET L'HOMME ET LA FEMME SANS NOM SONT MORTS, ET LEUR AMOUR
EST MORT, ET QUI DONC SE SOUVIENT ? QUI ? —TOI PEUT-ÊTRE
TOI, TRISTE, TRISTE BRUIT DE LA PLUIE SUR LA PLUIE
OU VOUS, MON ÂME, MAIS BIENTÔT VOUS OUBLIEREZ CELA ET LE RESTE.

*
* *

ET L'AUTRE, OÙ LE GRAND VENT, LA PLUIE ET LE BROUILLARD ONT LEUR ÉGLISE
QUAND VENAIT L'HIVER DES FAUBOURGS; QUAND LE CHALAND
VOYAGEAIT DANS LA BRUME DE FRANCE, QU'IL M'ÉTAIT DOUX,
SAINT-JULIEN LE PAUVRE, DE FAIRE LE TOUR

DE TON JARDIN! JE VIVAIS DANS LA DISSIPATION
LA PLUS AMÈRE; MAIS LE CŒUR DE LA TERRE M'ATTIRAIT
DÉJA; ET JE SAVAIS QU'IL BAT NON SOUS LA ROSERAIE
CHOYÉE MAIS LÀ OÙ CROIT MA SOEUR ORTIE, OBSCURE, DÉLAISSÉE.

*
* *

AINSI DONC, SI TU VEUX ME PLAIRE — APRÈS! LOIN D'ICI! Ô
MURMURANT, RUISSELANT DE FLEURS RÉSSUSCITÉES, Ô TOI JARDIN
OÙ TOUTE SOLITUDE AURA UN VISAGE, ET UN NOM
ET SERA UNE ÉPOUSE,

RÉSERVE AU PIED DU MUR MOUSSU DONT LES LÉZARDES
MONTRENT LA VILLE ARIEL DANS LES CHASTES VAPEURS,
POUR MON AMOUR AMER UN COIN AMI DU FROID ET DE LA MOISISSURE
ET DU SILENCE; ET QUAND LA VIERGE AU SEIN DE THUMMIM ET D'URÎM

ME PRENDRA PAR LA MAIN ET ME CONDUIRA LÀ QUE LES TRISTES TERRESTRES
SE RESSOUVIENNENT, ME RECONNAISSENT, ME SALUENT: LE CHARDON ET LA HAUTE
ORTIE ET L'ENNEMIE D'ENFANCE BELLADONE.
EUX, ILS SAVENT, ILS SAVENT.

LE PONT.

À MISS NATALIE CLIFFORD BARNEY

LES FEUILLES MORTES TOMBENT DANS L'AIR DORMANT.
VOIS, MON CŒUR, CE QUE L'AUTOMNE A FAIT À TA CHÈRE ÎLE:
COMME ELLE EST PÂLE!
QUELLE ORPHELINE AU CŒUR TRANQUILLE!
LES CLOCHES SONNENT, SONNENT À SAINT-LOUIS-EN-L'ISLE
POUR LE FUCHSIA MORT DE LA PATRONNE DU CHALAND.

TÊTE BASSE, DEUX VIEUX CHEVAUX TRÈS HUMBLES, SOMNOLENTS, PRENNENT LEUR DERNIER BAIN
UN GROS CHIEN NOIR ABOIE ET MENACE DE LOIN.
SUR LE PONT, IL N'Y A QUE MOI ET MON ENFANT:
ROBE FANÉE, FAIBLES ÉPAULES, VISAGE BLANC,
UN BOUQUET DANS LES MAINS.

O MON ENFANT! CE TEMPS QUI VIENT!
POUR EUX! POUR NOUS! Ô MON ENFANT!
CE TEMPS QUI VIENT!

www.ingramcontent.com/pod-product-compliance
Ingram Content Group UK Ltd.
Pitfield, Milton Keynes, MK11 3LW, UK
UKHW020550230726
13925UKWH00006B/2504